Canevas XXL

CRÉATIONS DÉCO
ET ACCESSOIRES STYLÉS

CHAUMIÈRE OISEAU

Photographies Fabrice Besse
Stylisme Sonia Roy

MANGO

Remerciements de l'auteur

Un grand merci à Hélène pour m'avoir fait confiance à travers ce joli projet. Merci aux éditions Mango pour leur fidélité et leur confiance.

Merci à l'équipe de We are Knitters, toujours si enthousiaste et positive dans leurs collaborations.

Merci à toutes ces joyeuses personnes qui me suivent et m'encouragent depuis mes débuts et dont le soutien donne chaque jour du sens à mon travail.

Et enfin doux merci à ma petite famille que j'aime et qui me le rend bien.

Remerciements de l'éditeur

L'éditeur remercie We are Knitters pour sa magnifique gamme de laines au moelleux incomparable et pour son trapilho aux tons pastels !
www.weareknitters.fr

Sommaire

Diplômée de l'École Nationale Supérieure des arts Appliqués, je vis et travaille à Paris. Après avoir suivi une formation de céramiste, je m'initie au modélisme en autodidacte et crée durant 8 ans mes propres collections de vêtements et d'accessoires. J'ai également repris des études d'histoire de l'art qui m'ont amenée à exercer plusieurs années dans le secteur culturel en tant que chef de projet. Au terme de cette expérience, saturée par une certaine routine, le retour à la création m'a paru évident et « chaumière oiseau » est né. Chacune des étapes de mon parcours a nourri ce projet et m'a poussée à chercher un nouveau médium qui allierait ma fascination pour la couleur, la diversité des matières et la magie qui émane des objets faits main. C'est ainsi que j'ai découvert le tissage et la tapisserie.

J'ai alors suivi des cours de tapisserie de haute-lisse afin d'acquérir la technique incontournable dans ce domaine, puis expérimenté d'autres techniques telles que le point noué ou la punch needle. À partir de chacune de ces pratiques, j'ai créé des objets uniques ou en très petites séries et développé, en parallèle, la transmission de ces savoir-faire par le biais d'ateliers, d'ouvrages et de kits créatifs.

Nous portons tous en nous une part créative et il s'agit parfois d'un peu d'inspiration pour la révéler. J'espère qu'à travers cet ouvrage, vous trouverez l'élan pour vous lancer dans la création et profiterez de ses nombreux bienfaits !

Agnès Pironon

www.chaumiere-oiseau.fr

Le matériel

La technique de canevas XXL proposée dans ce livre diffère de celle du canevas classique en ce qu'elle consiste à broder des motifs graphiques répétitifs avec de la grosse laine. Ceux-ci étant traduits sous forme de diagrammes au lieu d'un dessin ornemental imprimé directement sur la toile.

Sans dessin préalable, vous devrez donc reproduire une succession de points comptés droits ou obliques qui composent la surface. Le résultat a un rendu proche du tissage et l'emploi de laine épaisse permet un travail relativement rapide.

Pour cela, vous devrez utiliser un support de grosse trame que l'on appelle le canevas Twist et qui compte 18 trous par 10 cm.

L'aiguille correspondante est une aiguille à tapisserie sans pointe n° 13.

Les fils employés dans ce livre sont le plus souvent en pure laine, mais vous pouvez choisir des fils synthétiques, de coton, de lin… pourvu qu'ils correspondent à une taille d'aiguille à tricoter entre 9 et 10 environ.
Si votre fil est plus fin, vous devrez le doubler ou le tripler afin qu'il soit assez épais pour remplir les motifs.
Chaque aiguillée de fil doit mesurer environ 1 mètre, parfois moins pour des motifs plus petits. Ne coupez pas de trop grandes longueurs car vous risqueriez de faire des noeuds.
Par ailleurs, si vous utilisez de la pure laine méchée telle que la The Wool, les nombreux passages à travers les trous du canevas ont tendance à l'abîmer et le fil s'effiloche rapidement s'il est trop long.
Pour chaque nouvelle aiguillée, vous devez faire un double nœud à l'extrémité du fil. En revanche, les arrêts de fil se font simplement en rentrant le fil au dos de l'ouvrage, entre plusieurs rangs de trame (voir étape 4, page 16).

Suivez attentivement le diagramme fourni avec chaque réalisation en le reproduisant de bas en haut et de gauche à droite. Effectuez ainsi des allers-retours jusqu'à recouvrir la totalité de votre canevas.

Le canevas XXL est une technique très simple qui ne requiert aucune habileté particulière sinon un minimum de concentration au démarrage pour bien comprendre la construction des points. Elle devient rapidement addictive et vous aurez sans doute très vite envie de l'appliquer aux objets qui vous entourent pour un effet déco très cosy !

Les réalisations

Niveau de difficulté *

Coussin Nook

Trois couleurs lumineuses, un motif très simple qui se répète à l'infini : l'accord parfait pour un coussin douillet.

Matériel

- 1 carré de toile à canevas Twist (18 trous /10 cm) de 44 x 44 cm
- Aiguille à tapisserie sans pointe n° 13
- 1 carré de tissu de 44 x 44 cm
- 300 g de fibre de rembourrage
- Épingles, aiguille à coudre et fil de coton
- Machine à coudre
- Feutre à tissu
- Règle graduée
- Ciseaux

Pelotes

- 1 Naturel / we are knitters / The Wool
- 1 Miel / we are knitters / The Wool
- 1 Bleu ciel / we are knitter / The Wool

Dimensions finales :
40 x 40 cm

Miel

Bleu ciel

Naturel

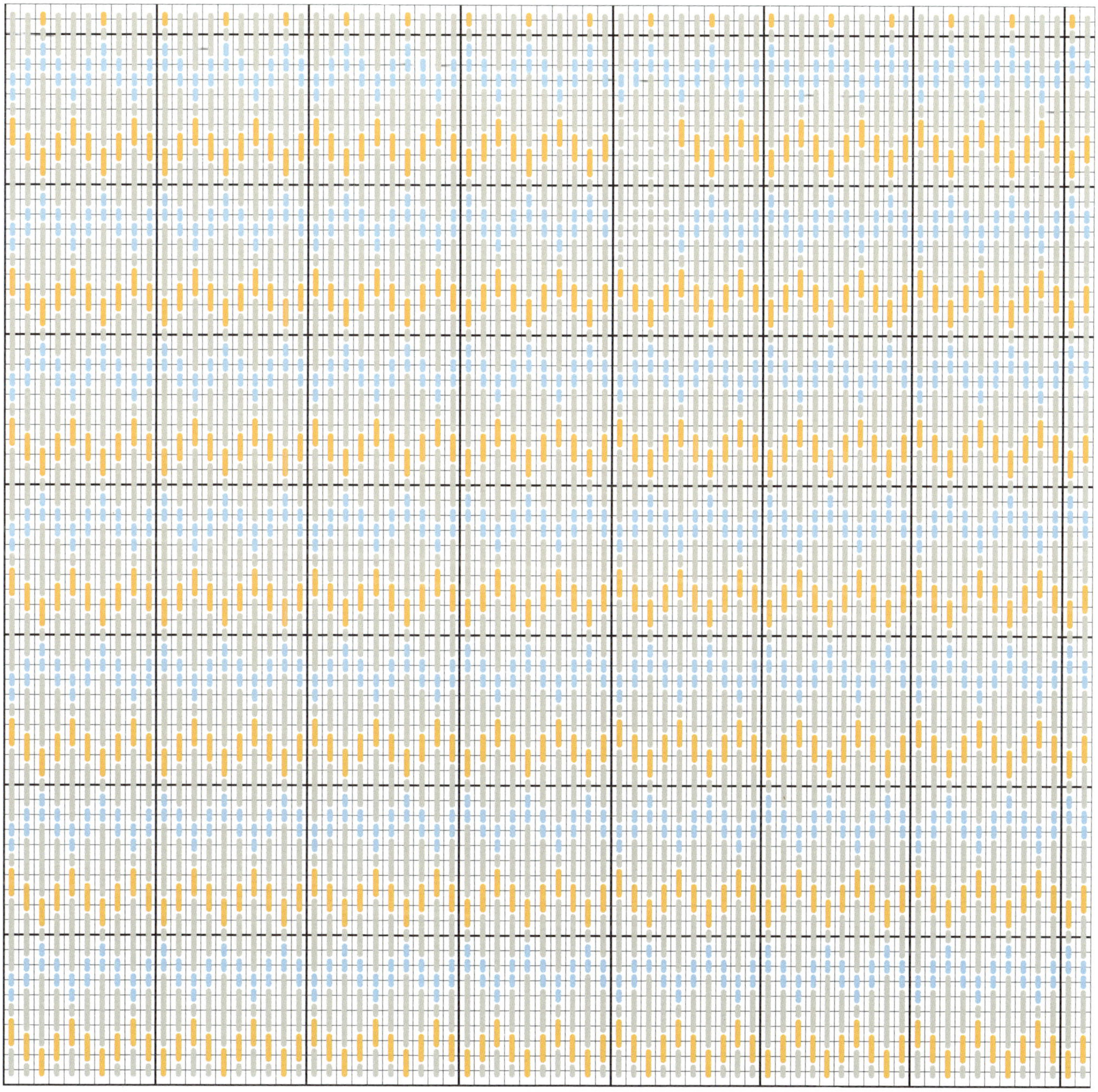

Tracez un carré de 40 x 40 cm sur la toile à canevas en laissant une marge de 2 cm tout autour.

Prenez de la laine Naturel et placez votre fil dans le 5e trou à partir du trait du bas et en vous calant sur le trait de gauche.

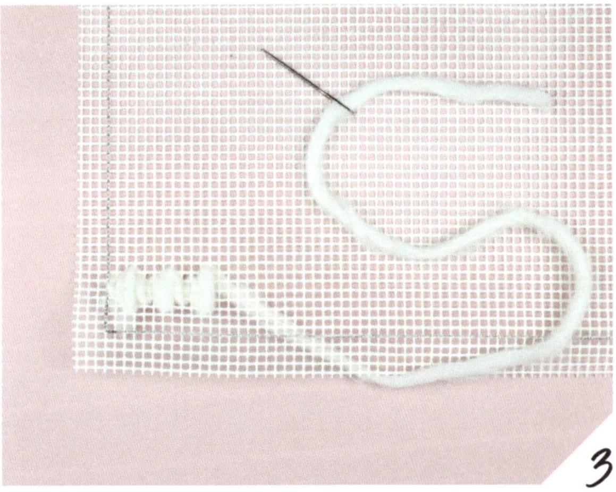

Commencez un rang de losanges en alternant barres verticales de 2 trous / 4 trous / 6 trous / 4 trous / 2 trous / 4 trous / 6 trous / 4 trous / 2 trous / 4 trous / 6 trous, etc.

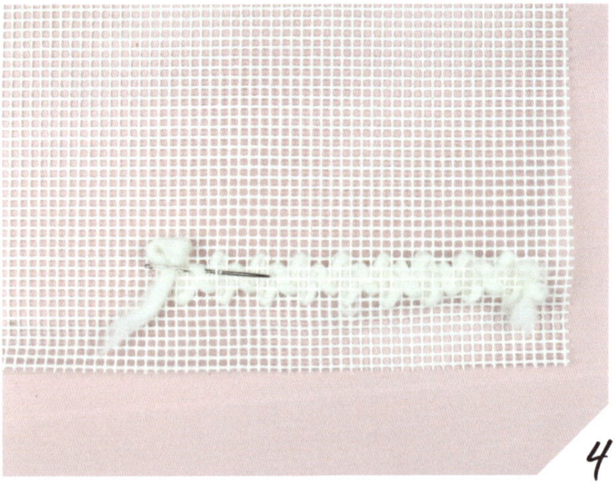

Lorsque votre fil est terminé, n'oubliez pas de le rentrer au dos, sous les points et sous la trame de la toile pour le bloquer, sans faire de nœud. Prenez un nouveau fil et continuez.

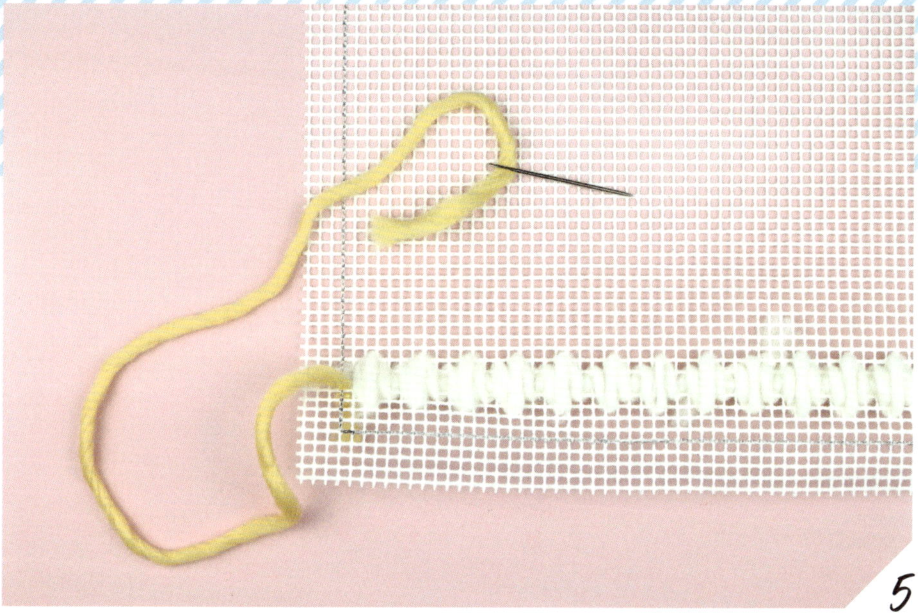

5

Une fois votre rang de losanges terminé, prenez de la laine Miel et démarrez à gauche de l'ouvrage, sous le rang de losanges, en passant dans le même trou que le bas de la 1re barre du losange Naturel.

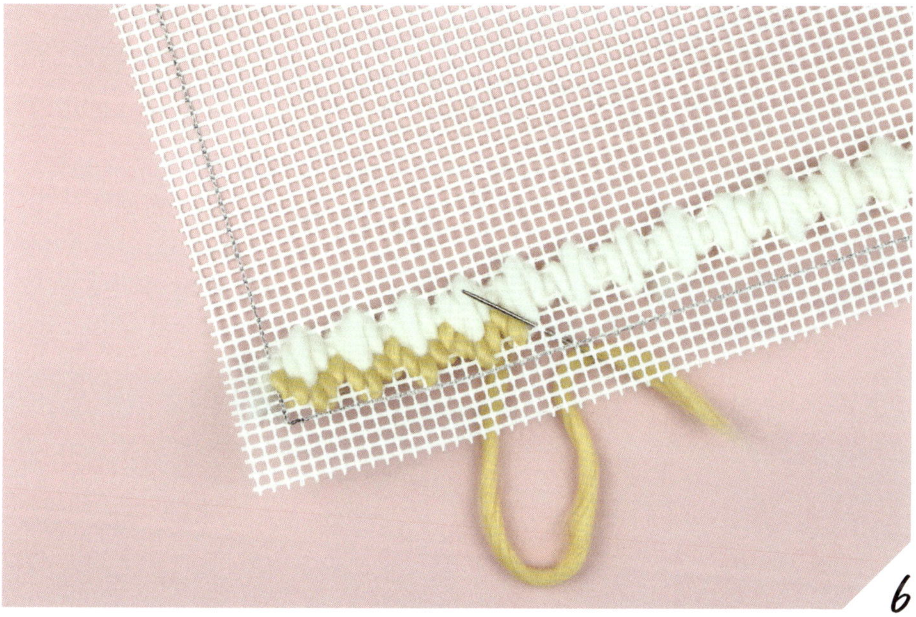

6

Le motif Miel est composé uniquement de barres verticales sur 3 trous qui démarrent dans les mêmes trous que le bas des barres des losanges Naturel.

Prenez de la laine Bleu ciel et démarrez au-dessus du losange Naturel à gauche dans le même trou du haut de sa 1re barre. Le rang Bleu ciel est composé de 2 points superposés au-dessus de chacune des barres des losanges Naturel.

Poursuivez ensuite en alternant chaque rang selon le diagramme. Remplissez les trous restés vides au bas de l'ouvrage avec de la laine Naturel.

Épinglez le canevas sur le tissu, endroit contre endroit. Piquez à la machine en suivant le rebord du canevas tissé et en laissant une ouverture de 20 cm.

Retournez l'ouvrage sur l'endroit. Remplissez-le avec la fibre de rembourrage. Fermez l'ouverture en la cousant à la main.

Niveau de difficulté **

Coussin Maple

Un motif peut en cacher un autre ! Ici, par le jeu des couleurs, un simple losange permet de composer un design original.

Matériel

- 1 rectangle de toile à canevas Twist (18 trous / 10 cm) de 49 x 29 cm
- Aiguille à tapisserie sans pointe n° 13
- 1 rectangle de tissu de 49 x 29 cm
- 250 g de fibre de rembourrage
- Épingles, aiguille à coudre et fil de coton
- Machine à coudre
- Feutre à tissu
- Règle graduée
- Ciseaux

Pelotes

- 1 Naturel / we are knitters / The Wool
- 1 Saumon / we are knitters / The Wool
- 1 Maple / we are knitters / The Wool
- 1 Kaki / we are knitters / The Wool

Dimensions finales :
45 x 25 cm

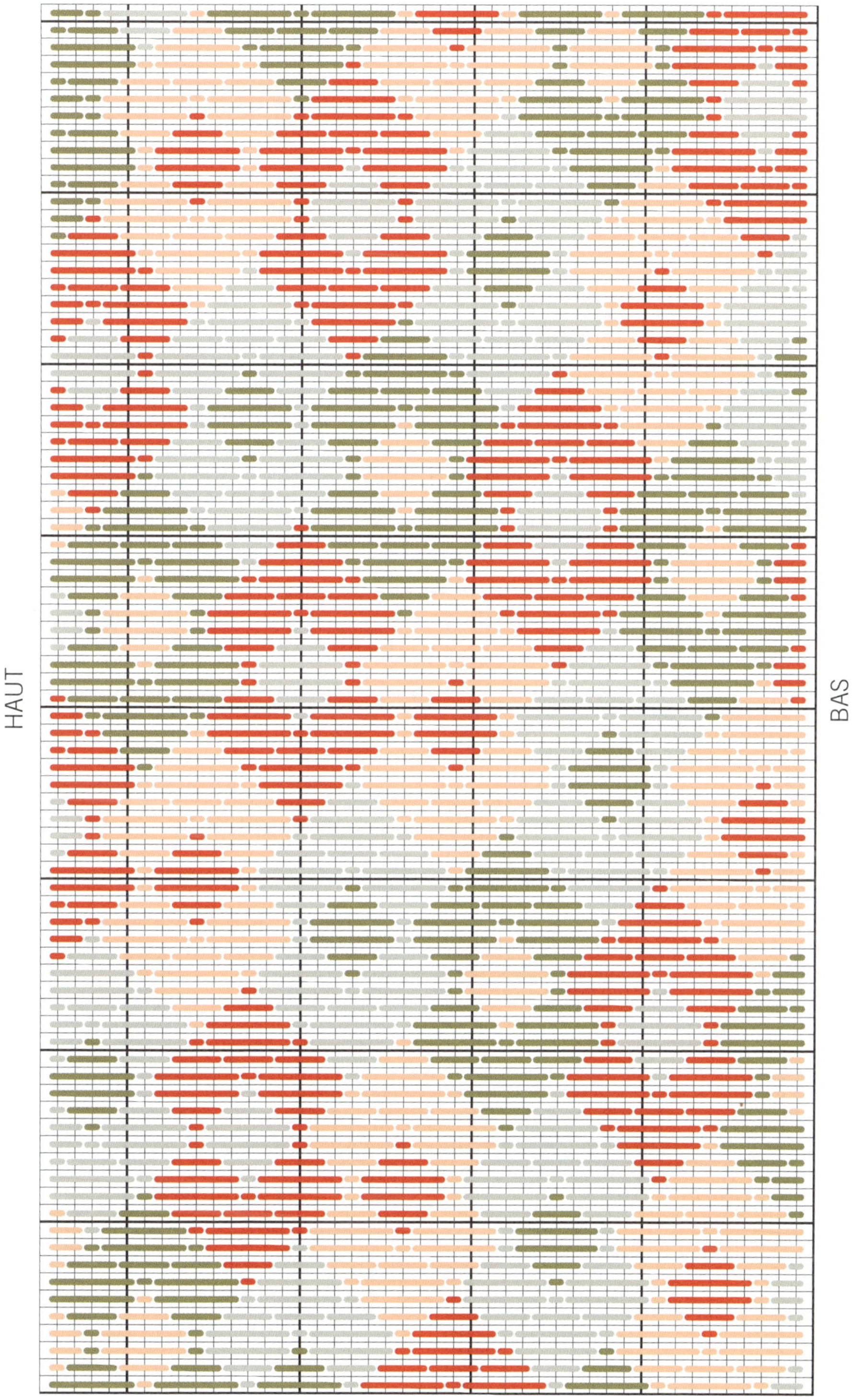

Motif à reproduire

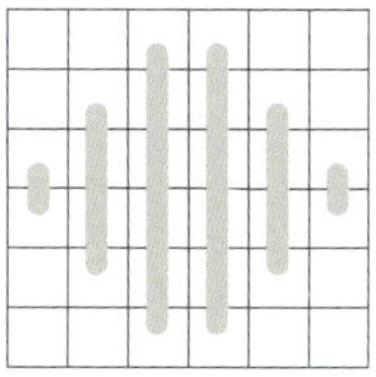

Maple

Saumon

Kaki

Naturel

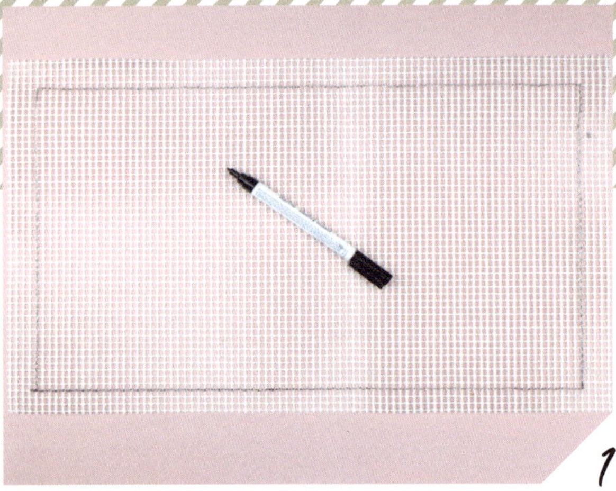

Tracez un rectangle de 45 x 25 cm sur la toile à canevas en laissant une marge de 2 cm tout autour.

Prenez de la laine Saumon et démarrez dans le 3e trou à partir du trait du bas, en vous calant sur le trait de gauche.

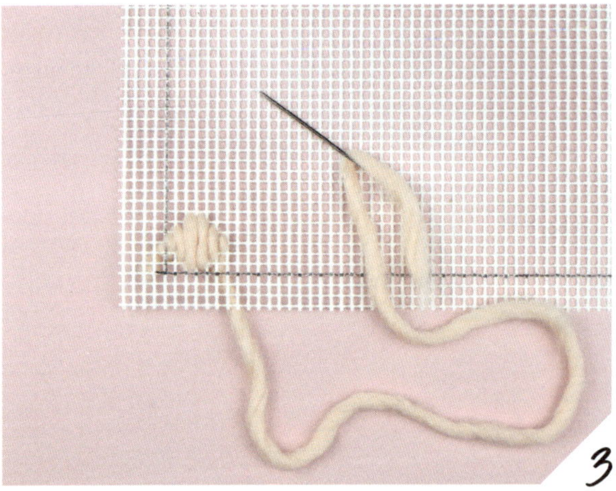

Commencez un losange selon le rythme suivant : barres verticales de 2 trous / 4 trous / 6 trous / 6 trous / 4 trous / 2 trous. Chaque fleur sera constituée de 6 losanges.

Construisez la fleur en superposant les losanges comme expliqué ci-dessus et en suivant le diagramme. Le losange du milieu à gauche est tronqué, car il s'agit du rebord du canevas.

Prenez de la laine Maple et remplissez le cœur de la fleur avec un losange semblable aux autres.

Procédez comme précédemment pour réaliser une deuxième fleur de laine Maple avec 6 losanges entiers, cette fois-ci.

Suivez ensuite attentivement le diagramme pour réaliser l'ensemble de la composition. Commencez par réaliser toutes les fleurs, sans leur cœur, en les faisant se juxtaposer.

Réalisez ensuite leur cœur et remplissez les espaces vides selon la grille.

9

Épinglez le canevas sur le tissu, endroit contre endroit. Piquez à la machine en suivant le rebord du canevas tissé et en laissant une ouverture de 20 cm.

10

Retournez l'ouvrage sur l'endroit. Remplissez-le avec la fibre de rembourrage. Fermez l'ouverture en la cousant à la main.

Niveau de difficulté *

Tableau Galati

Colorier avec de la laine ? C'est le principe même du canevas !
Le choix d'un motif abstrait tracé à larges points donne un coup de jeune à cette technique ancestrale.

Matériel

- 1 rectangle de toile à canevas Twist (18 trous / 10 cm) de 27 x 34 cm
- Aiguille à tapisserie sans pointe, n° 13
- 1 cadre photo en bois de 24 x 30 cm (dimensions intérieures)
- Agrafeuse à tissu
- Feutre à tissu
- Règle graduée
- Ciseaux

Pelotes

- 1 Coral / we are knitters / The Wool
- 1 Saumon / we are knitters / The Wool
- 1 Miel / we are knitters / The Wool
- 1 Naturel / we are knitters / The Wool

- 1 laine Rose fluo pour aiguilles n° 9/10 environ
- 1 laine Vieux rose pour aiguilles n° 9/10 environ
- 1 laine Jaune d'or pour aiguilles n° 9/10 environ

Si vos fils sont trop fins, doublez-les afin d'obtenir l'épaisseur suffisante pour remplir la toile.

Dimensions finales :
24 x 31 cm

- Coral
- Miel
- Naturel
- Saumon
- Vieux rose
- Rose fluo
- Jaune d'or

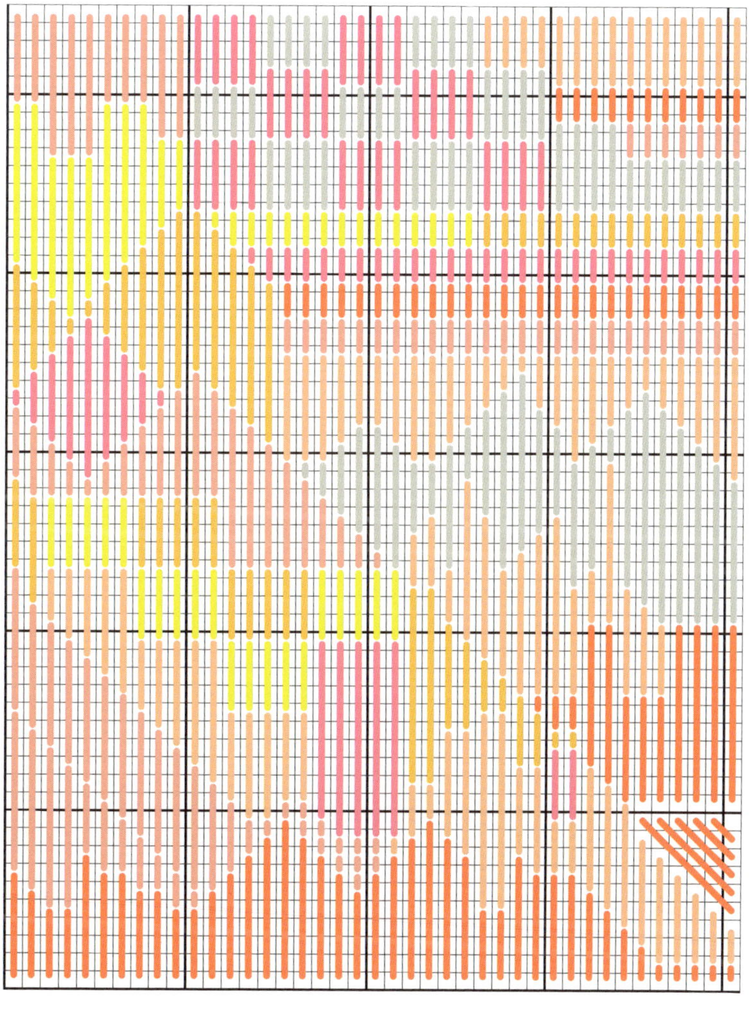

7

Tracez un rectangle de 24 x 31 cm sur la toile à canevas en laissant une marge de 1,5 cm tout autour. Le dessin est abstrait et les points ne sont donc pas comptés de manière régulière. Suivez le diagramme en commençant par le bas et en procédant de gauche à droite, puis retour de droite à gauche, etc.

8

Continuez les motifs. Si les fils que vous avez choisi sont trop fins, doublez-les ou triplez-les.

9

Terminez la composition en remplissant entièrement la grille.

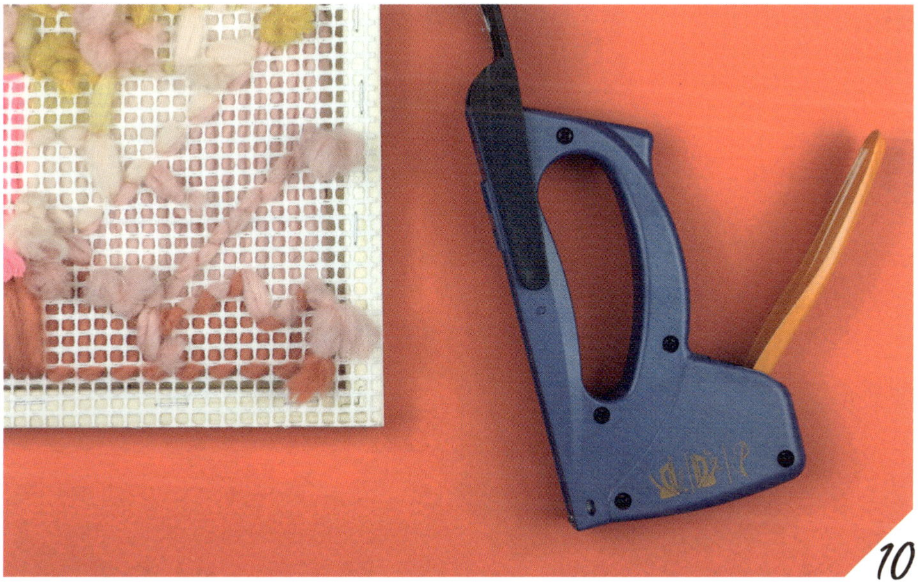

10

Une fois le canevas terminé, agrafez la toile au dos des montants du cadre et recoupez au besoin la toile qui dépasse.

Niveau de difficulté *

Coaster Chaï

Un coaster moelleux pour poser en douceur sa théière préférée ?
L'idée est d'autant plus tentante qu'elle est rapide à réaliser !

Matériel

- 1 carré de toile à canevas Twist (18 trous / 10 cm) de 26 x 26 cm
- Aiguille à tapisserie sans pointe n° 13
- 1 carré de ouatine fine de 24 x 24 cm
- 1 carré de tissu de 24 x 24 cm
- Passepoil assorti de 100 cm de longueur
- Épingles, aiguille à coudre et fil à bâtir
- Machine à coudre
- Feutre à tissu
- Règle graduée
- Ciseaux

Pelotes

- 1 Menthe / we are knitters / The petite Wool
- 1 laine Jaune pour aiguilles n° 7

Dimensions finales :
22 x 22 cm

Motif à reproduire

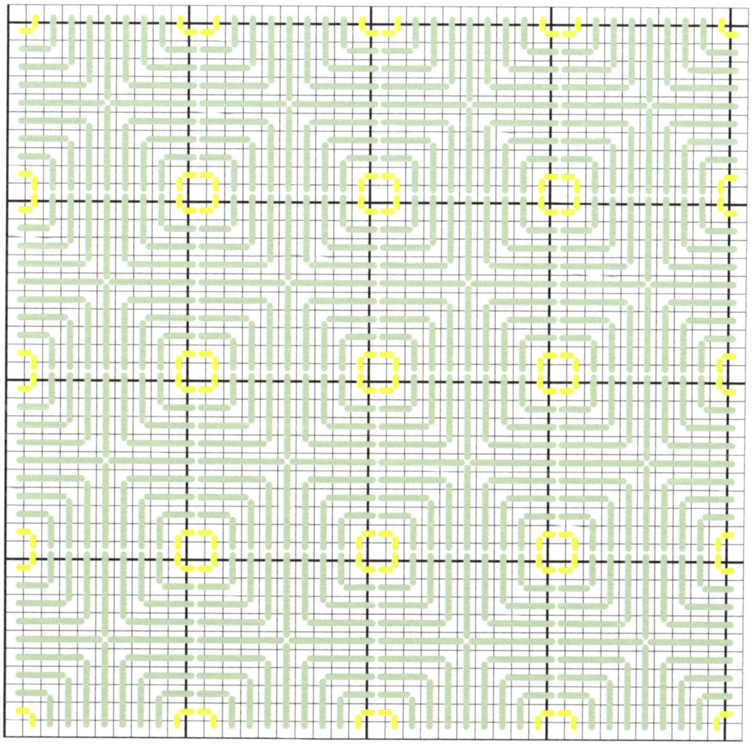

Jaune d'or

Menthe

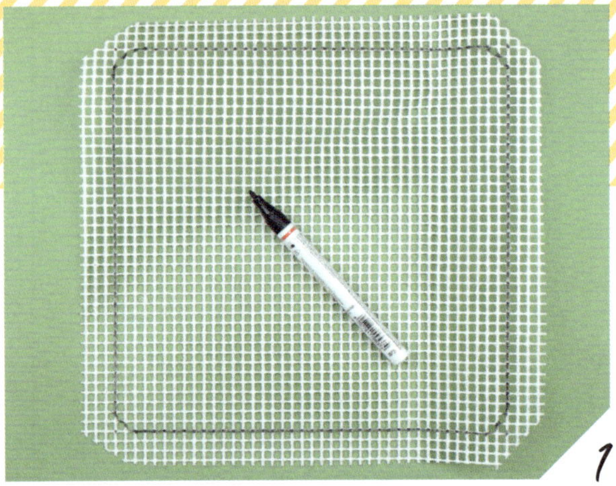

1

Tracez un carré de 22 x 22 cm avec les angles en biais sur la toile à canevas, en laissant une marge de 2 cm tout autour.

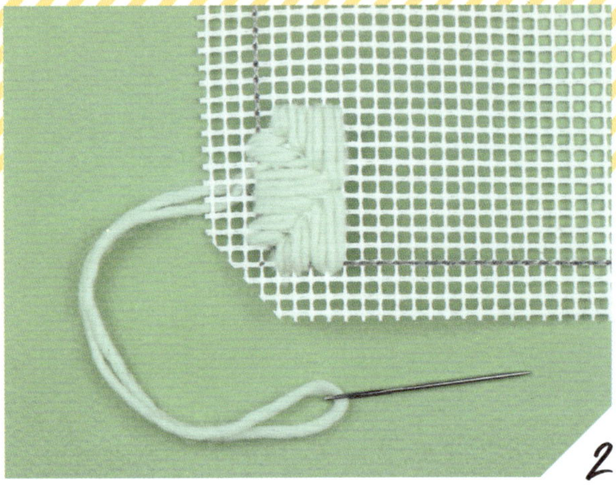

2

Prenez de la laine Menthe en la doublant sur l'aiguillée. Commencez dans l'angle en bas à gauche en mordant sur les traits de contours. Réalisez un demi-point en suivant le diagramme.

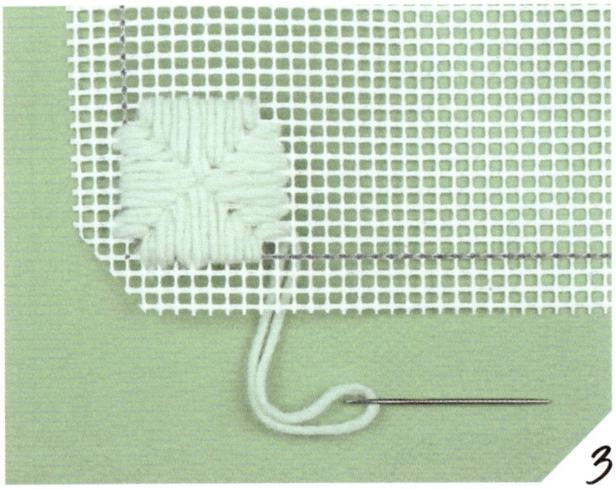

3

Refaites le demi-point, mais en miroir du premier.

4

Montez progressivement afin de remplir toute la surface du carré en vous aidant du diagramme.

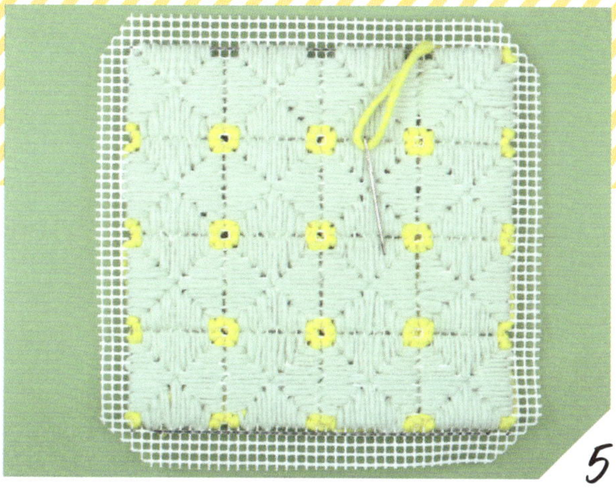

5

Réalisez les points d'angle avec la laine Jaune.

6

Une fois votre ouvrage terminé, épinglez le passepoil sur le pourtour du coaster et faites des points de bâti avec une aiguillée de fil.

7

Épinglez le canevas sur le tissu, endroit contre endroit, en plaçant la ouatine sous le tissu. Piquez à la machine en suivant bien le rebord du canevas tissé et en laissant une ouverture d'environ 10 cm.

8

8 Retournez l'ouvrage sur l'endroit. Fermez l'ouverture à la main avec du fil et une aiguille.

Niveau de difficulté *

Lampe Farfalla

Une ambiance chaleureuse tient à quelques touches déco bien choisies.
Le soir, la laine tamisera doucement la lumière comme un cocon cosy.

Matériel

- 1 rectangle de toile à canevas Twist (18 trous / 10 cm) à la taille de votre abat-jour (hauteur x circonférence + 2 cm tout autour), ici : 19 x 70 cm
- Aiguille à tapisserie sans pointe n° 13
- 1 structure métallique cylindrique d'abat-jour ou un abat-jour à recycler (ici : hauteur 15 cm et diamètre 20 cm)
- Aiguille à coudre et fil de coton
- Feutre à tissu
- Règle graduée
- Ciseaux

Pelotes

- 1 Lavande / we are knitters / The Wool
- 1 laine Rose fluo pour aiguilles n° 9/10 environ

Si vos fils sont trop fins, doublez-les afin d'obtenir l'épaisseur suffisante pour remplir la toile.

Dimensions finales :
Hauteur : 15 cm / diamètre : 20 cm

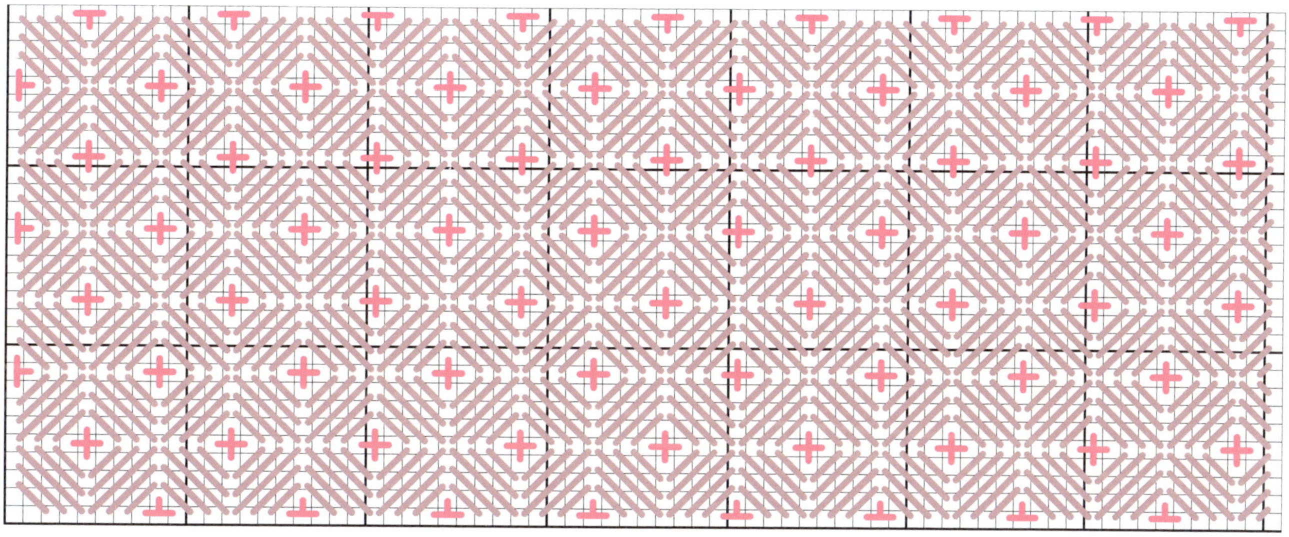

Motif à reproduire

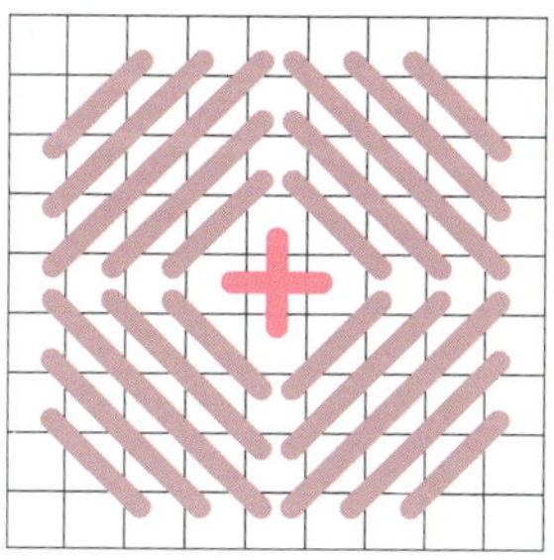

Lavande

Rose fluo

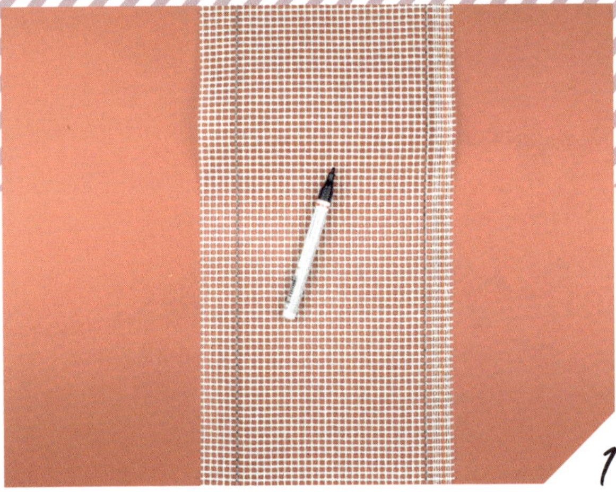

Tracez un rectangle aux dimensions de votre abat-jour (hauteur x circonférence, ici : 15 x 66 cm).

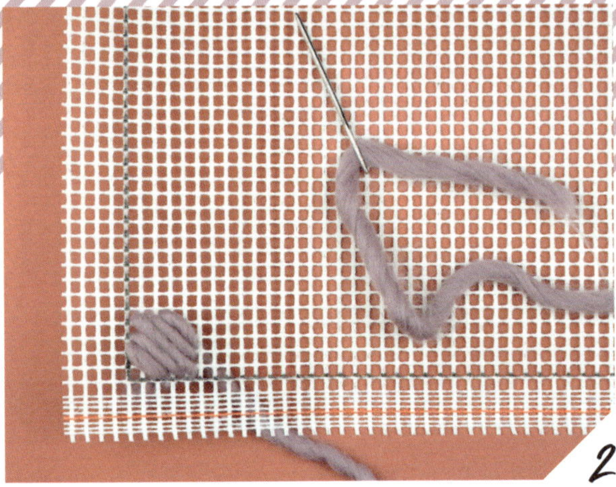

2 Prenez de la laine Lavande. Démarrez dans le 3ᵉ trou à partir de l'angle gauche au bas de la toile et faites un point oblique vers la gauche sur 3 trous puis, au-dessus sur 4 trous, puis sur 5, puis à nouveau sur 4 et sur 3. Vous obtenez ainsi un quart de motif.

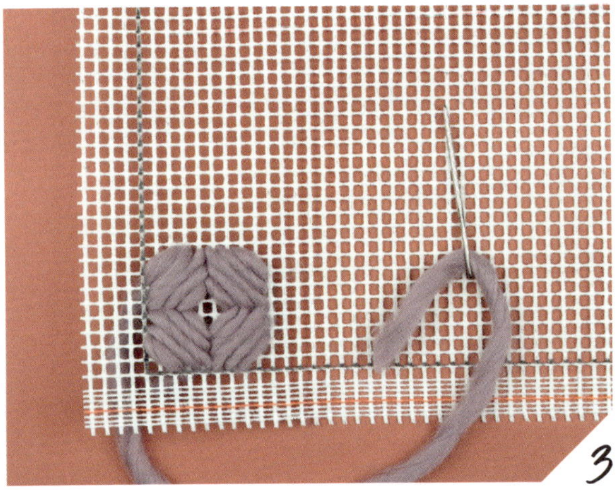

Le motif est composé de points papillon. Terminez le point complet en suivant le diagramme.

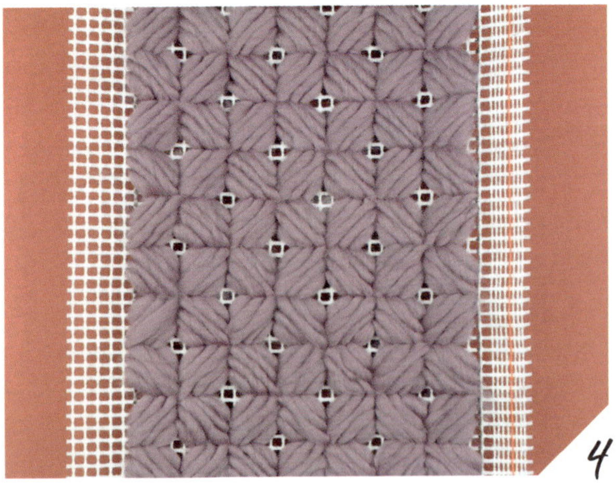

Montez progressivement jusqu'à remplir la totalité de la surface du rectangle.

5

Prenez la laine Rose fluo, en doublant le fil au besoin, et réalisez une croix au centre de chaque motif.

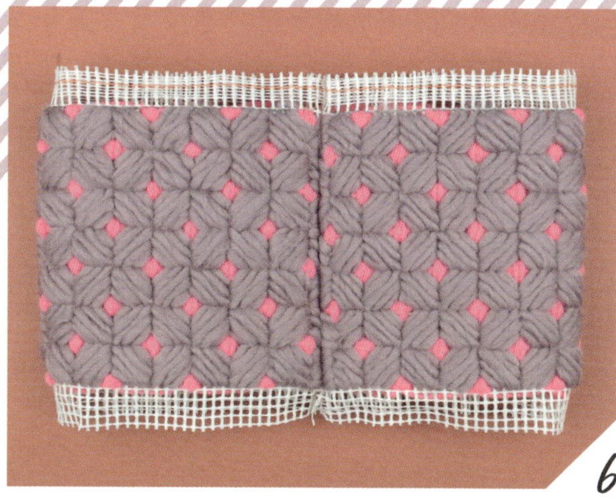
6

Une fois la toile remplie, pliez-la endroit contre endroit en rejoignant ses petits côtés et cousez la hauteur. Puis retournez l'ouvrage sur l'endroit.

7

Commencez à glisser l'abat-jour dans la toile en repliant les marges de toile du bas à l'intérieur.

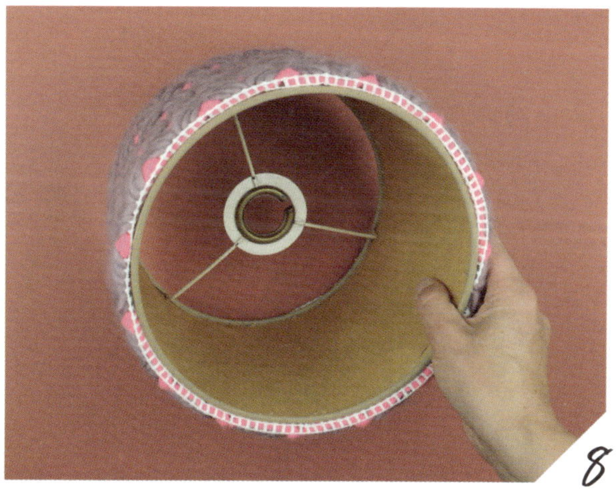
8

Terminez de glisser l'abat-jour et rentrez les marges de toile en haut.

Niveau de difficulté **

Tapis Marshmallow

Le canevas XXL se réalise aussi bien avec du trapilho. Un choix particulièrement adapté à ce tapis de bain qui passera sans problème à la machine.

Matériel

- 1 rectangle de toile à canevas Twist (18 trous / 10 cm) de 49 x 85 cm
- Aiguille à tapisserie sans pointe n° 13
- 1 rectangle de grille antidérapante de 45 x 81 cm (facultatif)
- Aiguille à coudre et fil de coton
- Feutre à tissu
- Règle graduée
- Ciseaux

Pelotes

- 1 Blanc / we are knitters / Trapilho simple
- 1 Jaune clair / we are knitters / Trapilho simple
- 1 Rose / we are knitters / Trapilho simple
- 1 Bleu turquoise / we are knitters / Trapilho simple

Dimensions finales :
45 x 81 cm sans les franges

CHIPRE

Motifs à reproduire

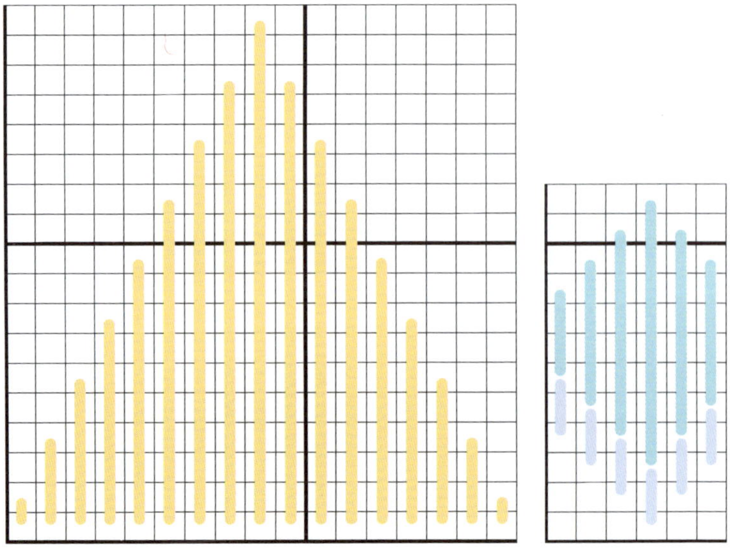

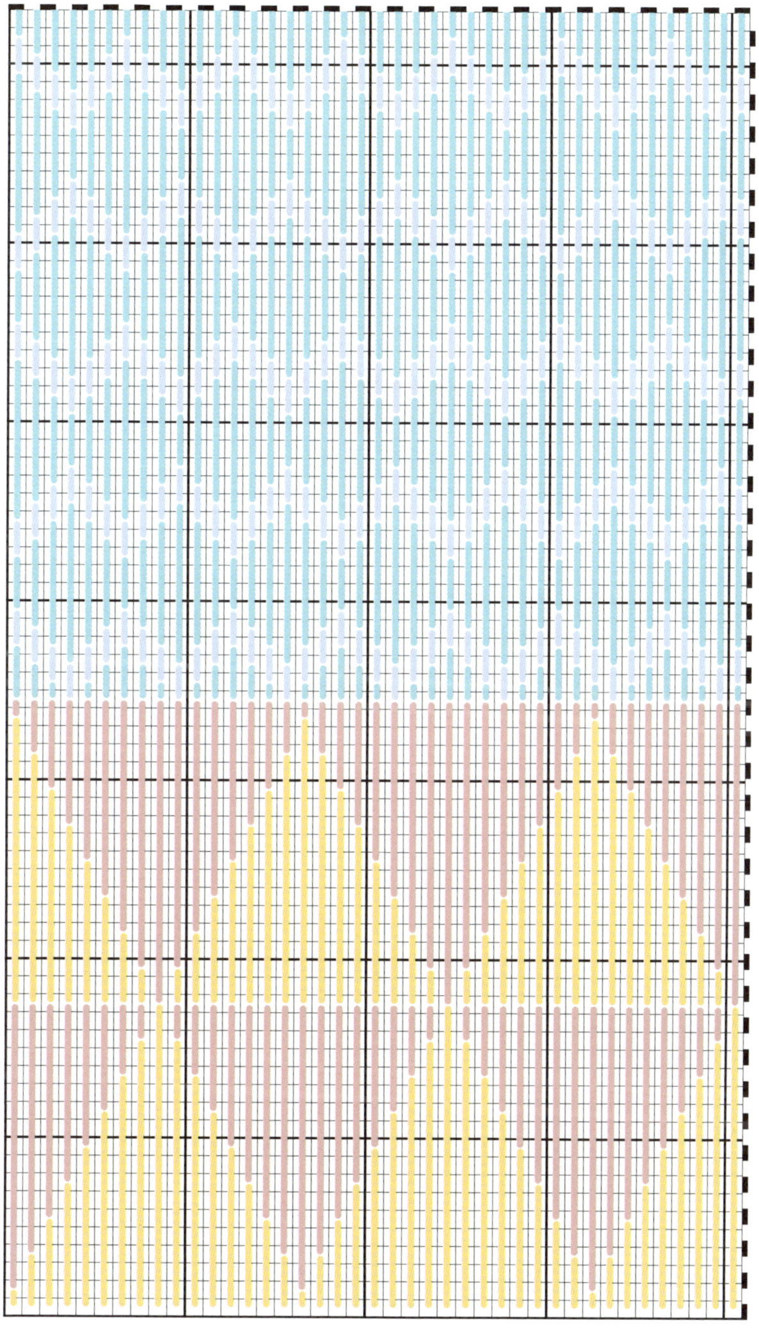

Ce diagramme montre 1/4 du tapis. Poursuivez le travail à droite et en haut.

Rose

Jaune clair

Bleu turquoise

Blanc

Tracez un rectangle de 45 x 81 cm sur la toile à canevas en laissant une marge de 2 cm tout autour. Placez-le en hauteur et réalisez un premier demi-triangle Jaune clair avec des barres verticales de 2 / 4 / 6 / 8 / 10 / 12 / 14 / 16 et 18 trous.

Terminez le triangle puis alternez les triangles de Jaune et de Rose. N'oubliez pas de rentrer votre fil au dos (voir étape 4, p. 18), mais sans faire de nœud, contrairement à la laine. Puis prenez un nouveau fil et continuez.

Réalisez un rang de zigzags avec du fil Blanc en suivant le diagramme. Ils sont constitués de barres verticales sur 3 trous, en décalé.

Réalisez au-dessus les losanges Bleu turquoise qui sont constitués de 7 barres verticales sur 4 trous / 6 trous / 8 trous / 10 trous / 8 trous / 6 trous / 4 trous. Puis remplissez les triangles sous les zigzags.

5

Alternez des rangs de zigzags et des rangs de losanges sur 42 cm. Le dernier rang est composé de demi-losanges Bleu turquoise.

6

Puis terminez par des triangles de Jaune clair et Rose comme au départ.

7

Repliez les marges de toile sur l'arrière et cousez-les à la main. Vous pouvez ajouter ensuite un support de grille anti-dérapante au dos du tapis que vous coudrez à la main.

8

Vous pouvez ajouter des franges aux extrémités en coupant des bandes de longueur égale et en les passant avec l'aiguille dans les trous de l'ourlet (ici : bandes de 22 cm pliées en deux).

Niveau de difficulté ***

Pochette Zélie

Cette enveloppe douillette peut revêtir de multiples fonctions en adaptant au besoin ses dimensions : mini sac à main, pochette pour iPad...

Matériel

- 1 rectangle de toile à canevas Twist (18 trous / 10 cm) de 49 x 60 cm
- Aiguille à tapisserie sans pointe n° 13
- 1 rectangle de tissu de 49 x 60 cm
- 1 bouton assorti
- 10 cm de cordelette ou de lin ciré
- Épingles, aiguille à coudre et fil de coton
- Machine à coudre
- Feutre à tissu
- Règle graduée
- Ciseaux
- Schéma pochette, voir p. 76

Pelotes

- 1 Saumon / we are knitters / The Wool
- 1 Miel / we are knitters / The Wool
- 1 Kaki / we are knitters / The Wool
- 1 Gris / we are knitters / The Wool
- 1 Bleu ciel / we are knitters / The Wool

Dimensions finales :
15 x 20 cm

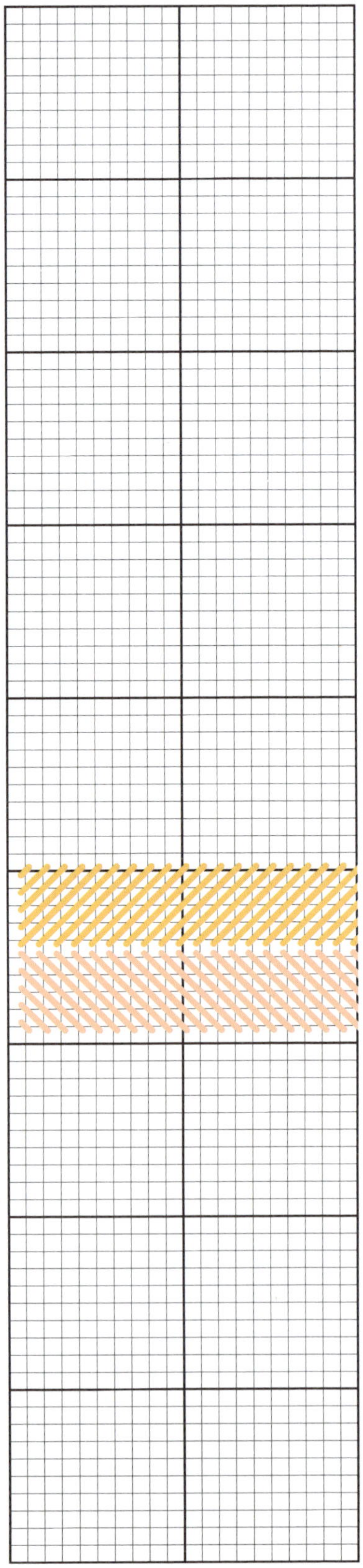

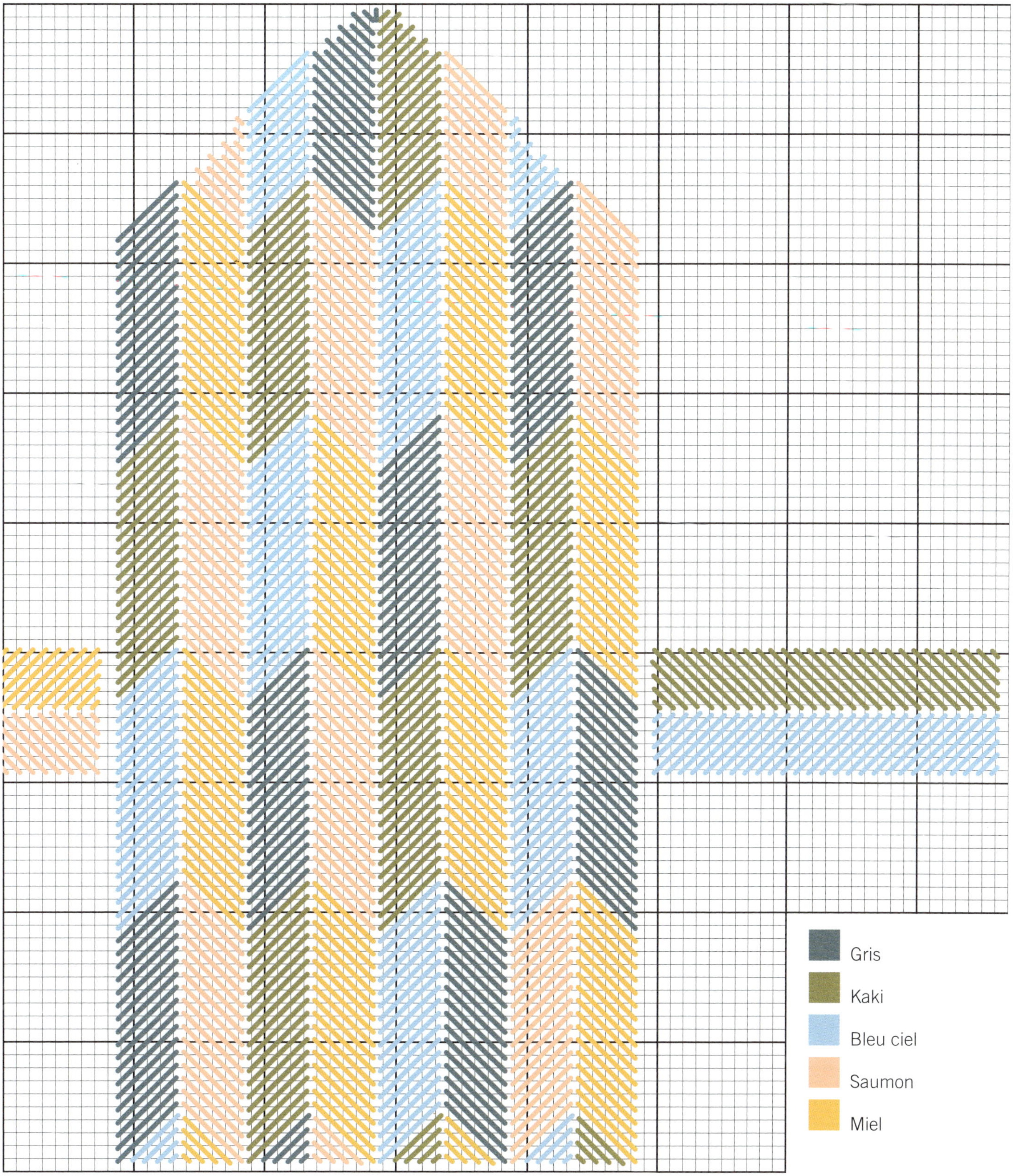
Gris
Kaki
Bleu ciel
Saumon
Miel

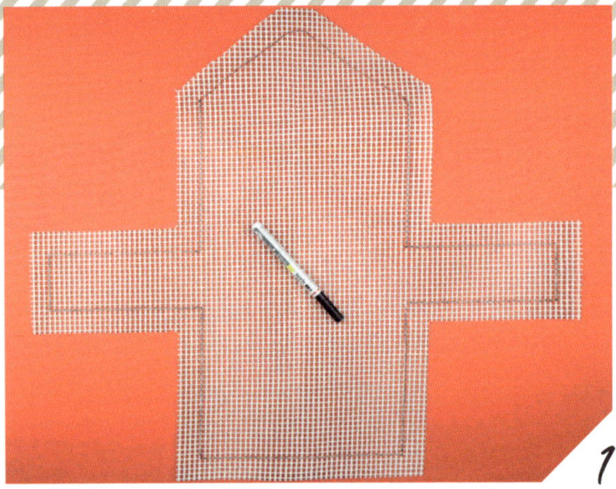

Tracez les contours de la pochette sur la toile à canevas selon les dimensions du schéma. Recoupez tout autour en laissant 2 cm de marge.

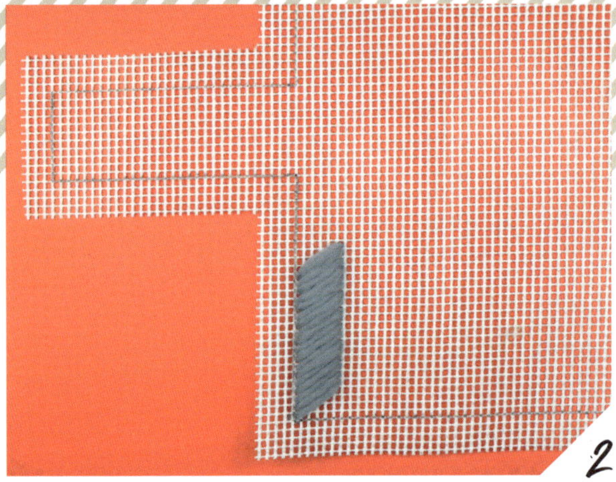

Avec la laine Gris, commencez dans l'angle en bas à gauche de la toile et réalisez 18 points en diagonale sur 6 trous, comme sur le diagramme.

Alternez les couleurs et la direction des diagonales en suivant le même rythme de points.

Continuez jusqu'à remplir la toile en finissant par les languettes des côtés et les petits triangles en bas et en haut.

Cousez le bouton au milieu de la face extérieure de la pochette. Épinglez le canevas sur le tissu, endroit contre endroit, et la cordelette sur la pointe du rabat. Piquez à la machine en suivant bien le rebord du canevas tissé et en laissant une ouverture de 20 cm.

Crantez les angles puis retournez l'ouvrage sur l'endroit.

Assemblez les coutures de la pochette sur l'extérieur, à la main ou à la machine.

Niveau de difficulté ***

Poupée Malvina

Coussin ou doudou ? Objet décoratif à coup sûr ! Stylisée et vivement colorée, cette matriochka trouvera sa place sur un canapé bien rembourré.

Matériel

- 1 rectangle de toile à canevas Twist (18 trous / 10 cm) de 38 x 32 cm
- Aiguille à tapisserie sans pointe n° 13
- 1 rectangle de tissu de 38 x 32 cm
- 1 carré de feutrine chair autocollante de 10 x 10 cm
- 1 rectangle de feutrine jaune autocollante de 5 x 10 cm
- 2 perles pour les yeux
- 150 g de fibre de rembourrage
- Épingles, aiguille et fils de coton de couleur
- Machine à coudre
- Feutre à tissu
- Règle graduée
- Ciseaux
- Patrons de la poupée, voir p. 77

Pelotes

- 1 laine Turquoise pour aiguilles n° 6 à 10 environ
- 1 laine Jaune moutarde pour aiguilles n° 6 à 10 environ
- 1 laine Bleu pétrole pour aiguilles n° 6 à 10 environ

Si vos fils sont trop fins, doublez-les afin d'obtenir l'épaisseur suffisante pour remplir la toile.

Dimensions finales :
34 x 26 cm

Motifs à reproduire

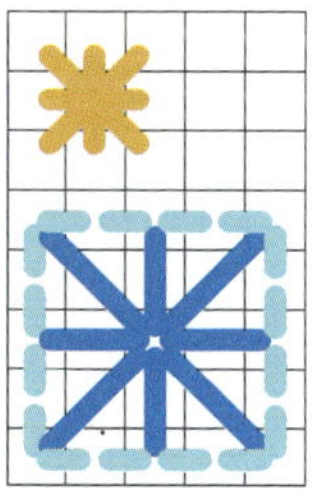

Jaune moutarde

Turquoise

Bleu pétrole

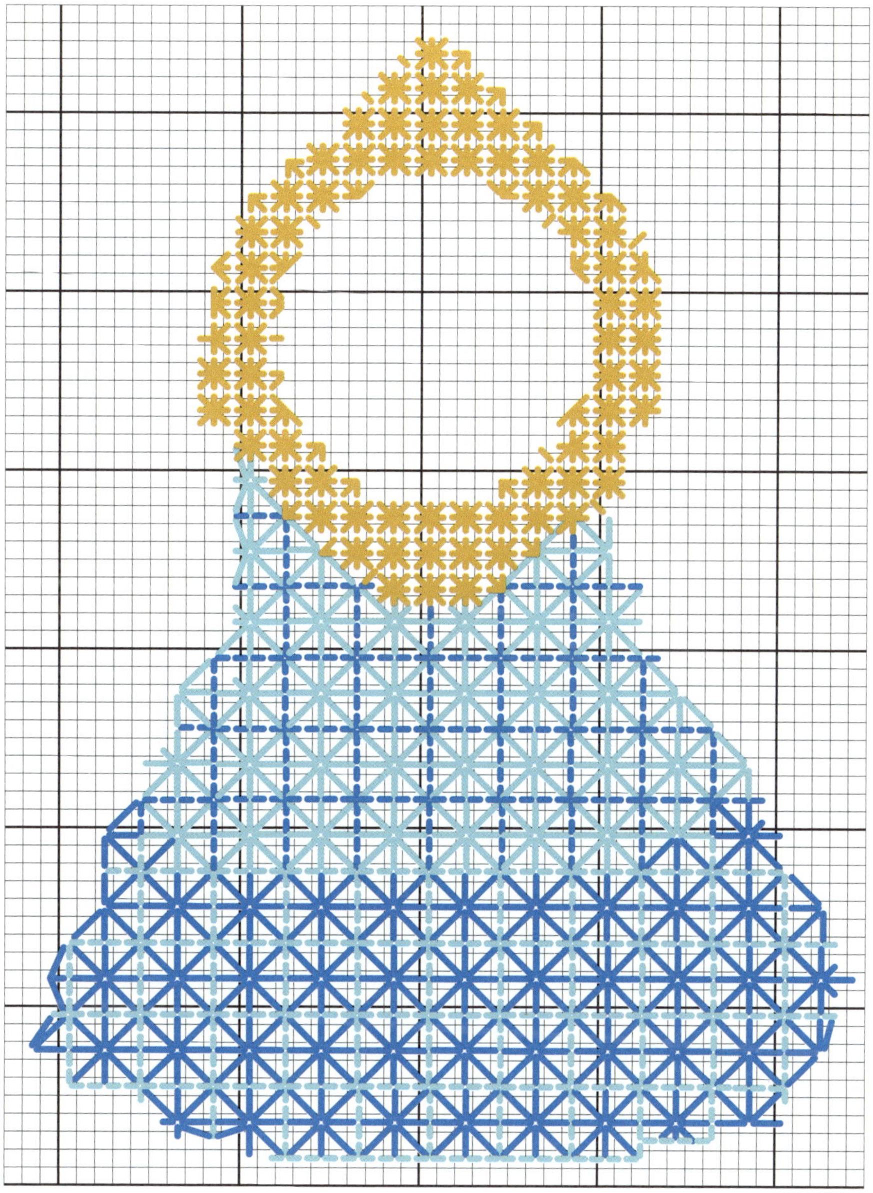

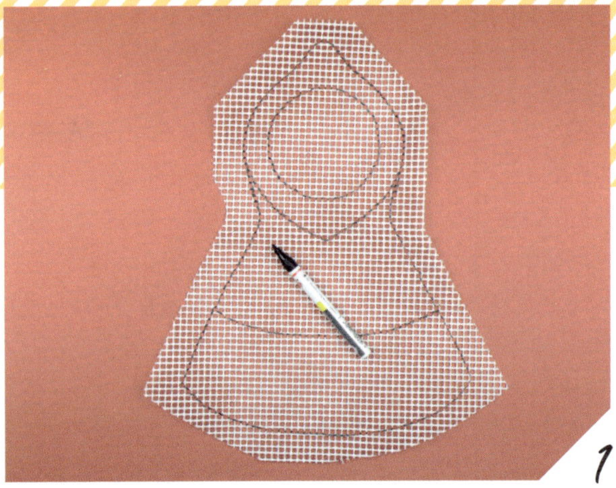

Agrandissez et reportez le patron de la poupée sur la toile à canevas. Découpez en laissant 2 cm de marge tout autour.

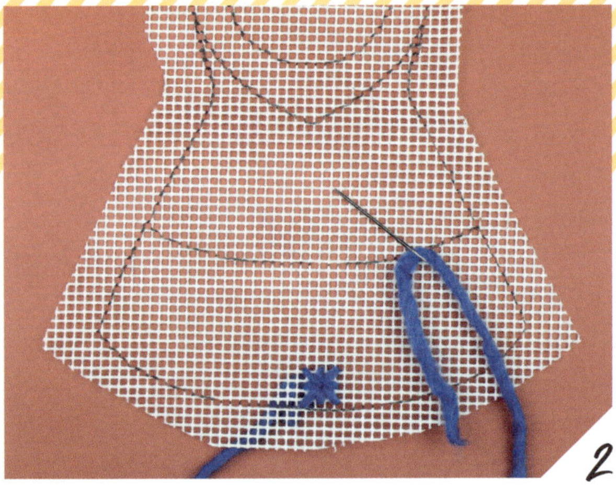

Prenez de la laine Bleu pétrole et doublez-la au besoin. Commencez vers le centre de la robe en bas, en vous référant au diagramme. Faites un point oblique sur 3 trous, puis complétez l'étoile suivant le diagramme.

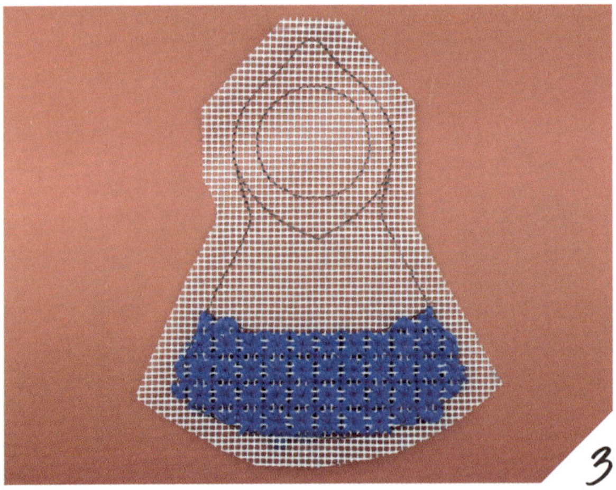

Remplissez toute la partie basse avec le point étoile en suivant le diagramme.

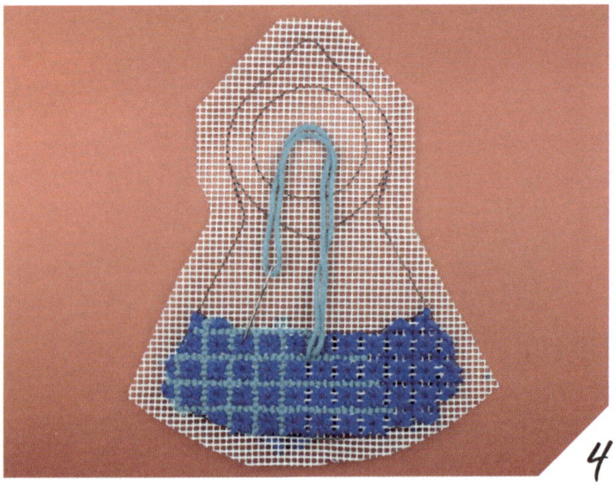

Avec la laine Turquoise, réalisez les points entre les étoiles. Doublez la laine au besoin.

Inversez les bleus en haut de la robe en commençant vers le centre. Remplissez la capuche de laine Jaune (doublée au besoin) au petit point étoile en commençant vers le centre. Le petit point étoile est composé de 8 branches sur 2 trous à chaque fois.

Reportez les patrons du visage et des cheveux sur les feutrines et découpez-les. Collez les cheveux sur le visage puis le visage sur la toile. Surpiquez le tout. Enfin, cousez les perles des yeux et brodez la bouche au fil de coton.

Une fois terminé, épinglez le canevas sur le tissu, endroit contre endroit. Recoupez le tissu suivant les contours de la poupée. Piquez à la machine en suivant bien le rebord du canevas tissé et en laissant une ouverture de 20 cm.

Remplissez la poupée avec la fibre de rembourrage. Fermez l'ouverture en la cousant à la main.

Niveau de difficulté **

Tambour Laïka

Le tambour à broder est un incontournable de la déco. Et le canevas… c'est tout simplement de la broderie. La boucle est bouclée !

Matériel

- 1 carré de toile à canevas Twist (18 trous / 10 cm) de 34 x 34 cm
- Aiguille à tapisserie sans pointe n° 13
- 1 tambour à broder de 25 cm de diamètre
- 10 cm de cordelette
- Feutre à tissu
- Ciseaux

Pelotes

- 1 laine Bleu marine pour aiguilles n° 7
- 1 laine Bleu lagon pour aiguilles n° 7

Si vos fils sont trop fins, doublez-les afin d'obtenir l'épaisseur suffisante pour remplir la toile.

Dimensions finales :
25 x 25 cm

Motif à reproduire

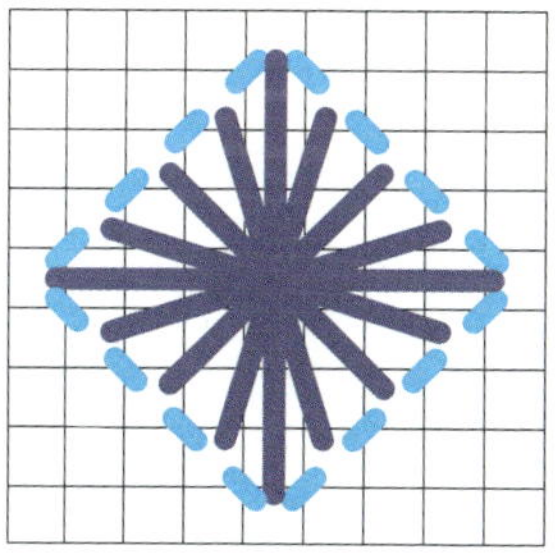

Bleu marine

Bleu lagon

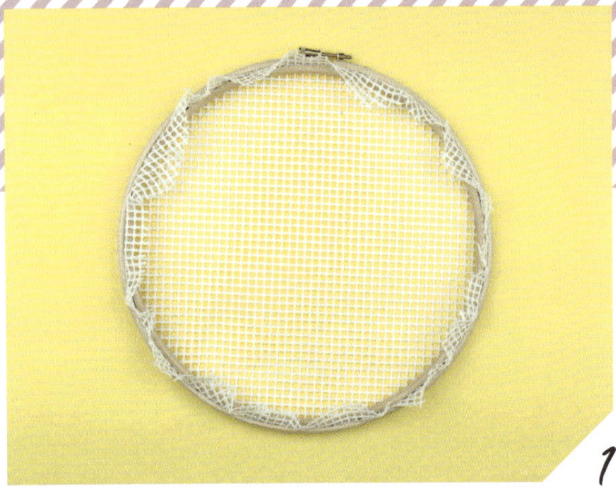

Servez-vous du cercle du tambour pour tracer un cercle de 25 cm sur la toile à canevas. Découpez tout autour en laissant 2 cm de marge. Insérez la toile dans le tambour et repliez fermement les marges de la toile sur l'arrière.

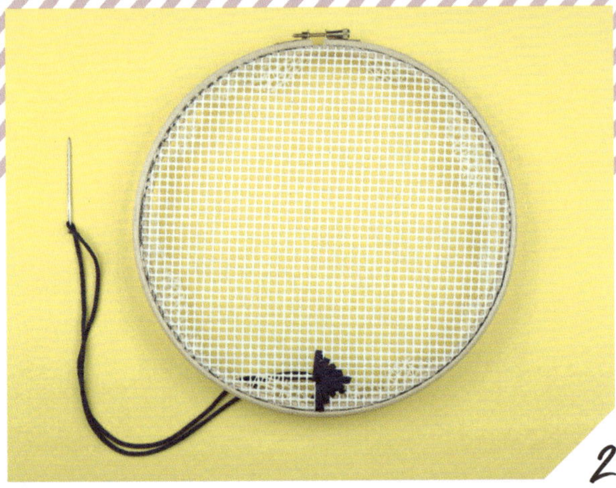

Prenez une aiguillée de laine Bleu marine et doublez-la au besoin. Commencez au centre du tambour, au point le plus bas du cercle. Le motif est composé de points d'œillet. Réalisez un demi-œillet en suivant le diagramme.

Refaites le même demi-point en miroir du premier pour former une étoile complète.

Montez progressivement afin de remplir toute la surface du tambour en suivant le diagramme. Quand votre fil est terminé, n'oubliez pas de le rentrer au dos (voir étape 4, p. 18). Puis prenez un nouveau fil et continuez.

5

Réalisez les points entre les étoiles avec la laine Bleu lagon.

6

Terminez avec la laine Bleu lagon. Pour suspendre votre ouvrage une fois terminé, passez la cordelette sous la vis de fermeture du tambour et faites un nœud.

Niveau de difficulté *

Coussin Palmito

Le point palmier donne son nom à ce coussin moelleux. Le relief des motifs rythmant fortement le canevas, trois tons délicats suffisent pour équilibrer la composition.

Matériel

- 1 rectangle de toile à canevas Twist (18 trous / 10 cm) de 39 x 42 cm
- Aiguille à tapisserie sans pointe n° 13
- 1 rectangle de tissu de 39 x 42 cm
- 250 g de fibre de rembourrage
- Épingles, aiguille à coudre et fil de coton
- Machine à coudre
- Feutre à tissu
- Règle graduée
- Ciseaux

Pelotes

- 1 Miel / we are knitters / The Wool
- 1 Saumon / we are knitters / The Wool
- 1 Naturel / we are knitters / The Wool

Dimensions finales :
34,5 x 38 cm

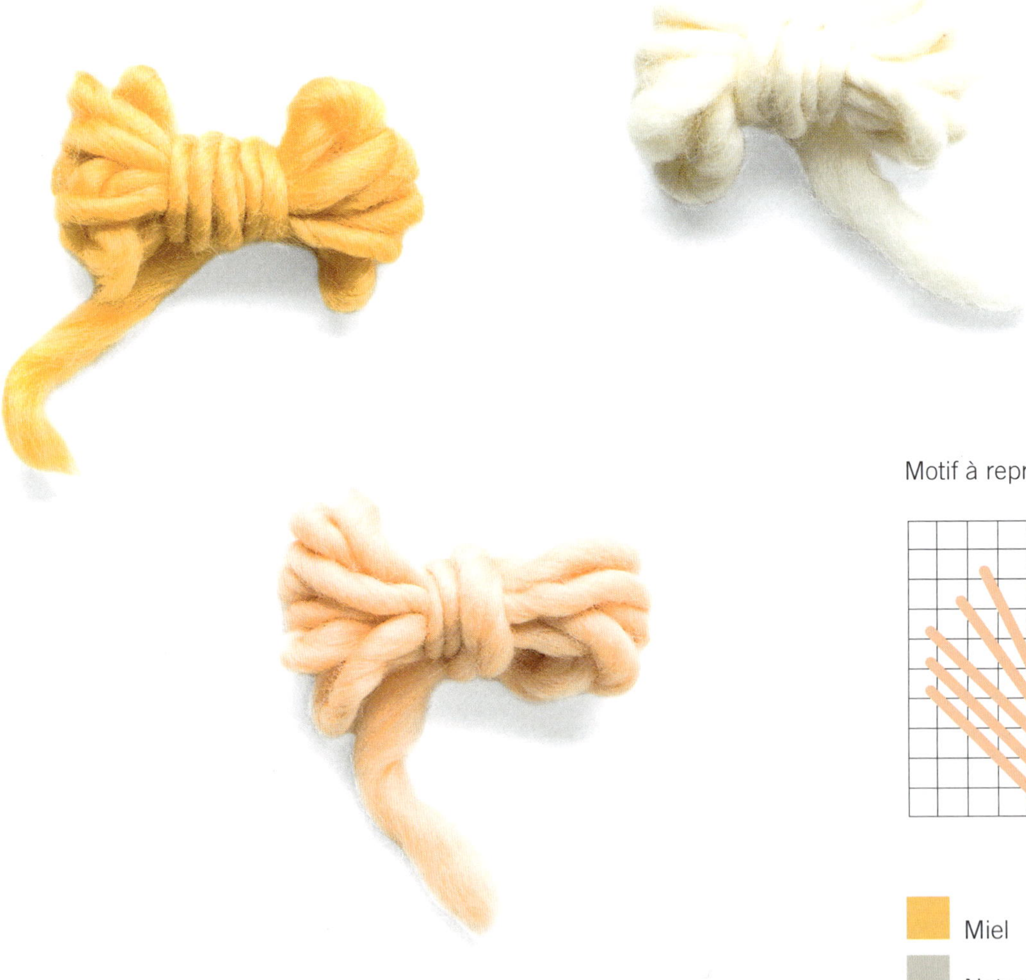

Motif à reproduire

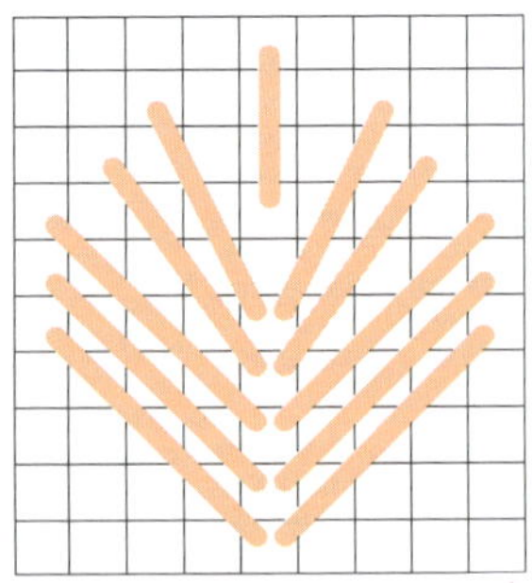

Miel

Naturel

Saumon

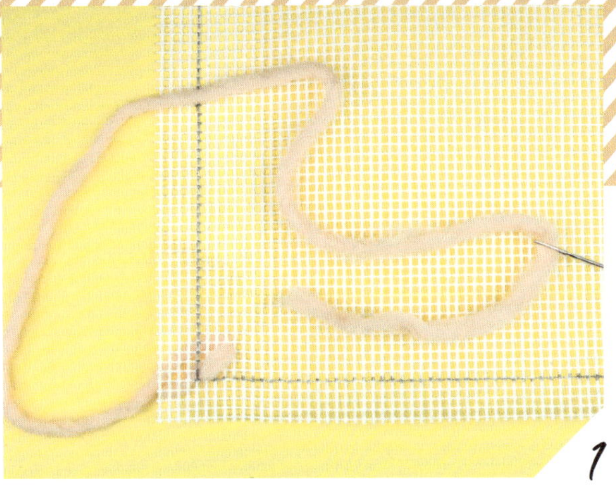

Tracez un rectangle de 34,5 x 38 cm sur la toile à canevas en laissant une marge de 2 cm tout autour. Placez-le horizontalement. Avec de la laine Saumon, démarrez dans le 1er trou à partir de l'angle à gauche en bas et réalisez un point oblique vers la droite sur 4 trous.

Au-dessus du premier point, réalisez 2 points obliques parallèles pour en avoir 3 au total.

Puis réalisez les mêmes points en miroir des premiers, sur 5 trous cette fois-ci. Vous êtes obligés de mordre sur le tracé du rectangle pour la 1re oblique.

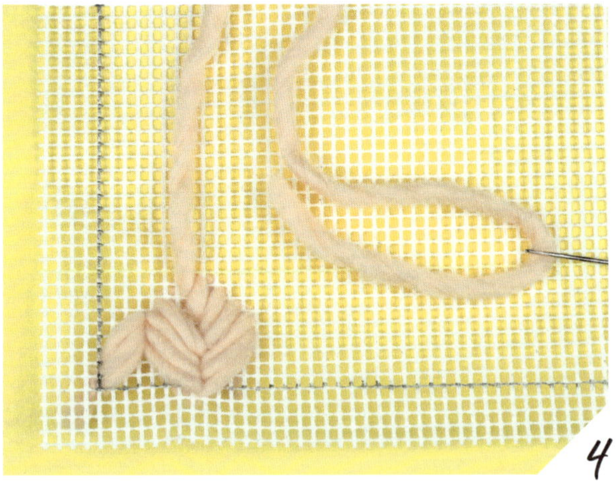

Refaites ces 3 points en miroir, toujours avec des obliques sur 5 trous. Puis faites-en un 4e puis un 5e en décalé. Terminez par un point vertical au centre. Vous obtenez ainsi un demi motif. Terminez-le en refaisant les mêmes points en miroir en vous aidant du diagramme.

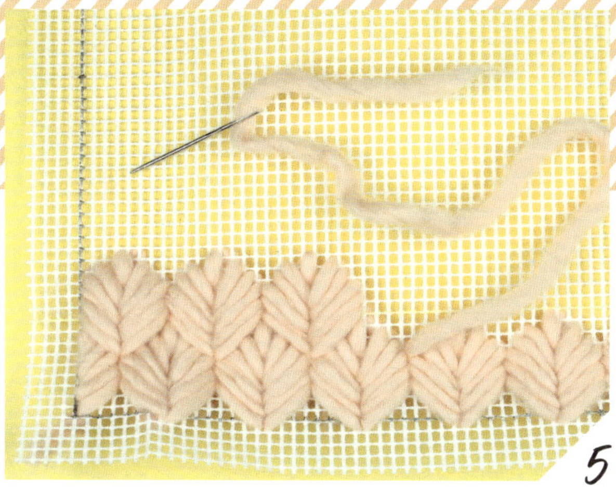

5

Pour le rang au-dessus, décalez les feuilles en quinquonce. Quand votre fil est terminé, n'oubliez pas de le rentrer au dos (voir étape 4, p. 18). Puis prenez-en un nouveau et continuez.

6

Poursuivez votre ouvrage en changeant de couleur au fur et à mesure. Réalisez 4 rangs Saumon, 4 rang Naturel et 3 rangs Miel. Remplissez les vides restants en suivant le diagramme.

7

Une fois terminé, épinglez le canevas sur le tissu, endroit contre endroit. Piquez à la machine en suivant bien le rebord du canevas tissé et en laissant une ouverture de 20 cm.

8

Remplissez l'ouvrage avec la fibre de rembourrage. Fermez l'ouverture en la cousant à la main.

Schémas et patrons

Poupée Malvina

Patron à agrandir à 200%

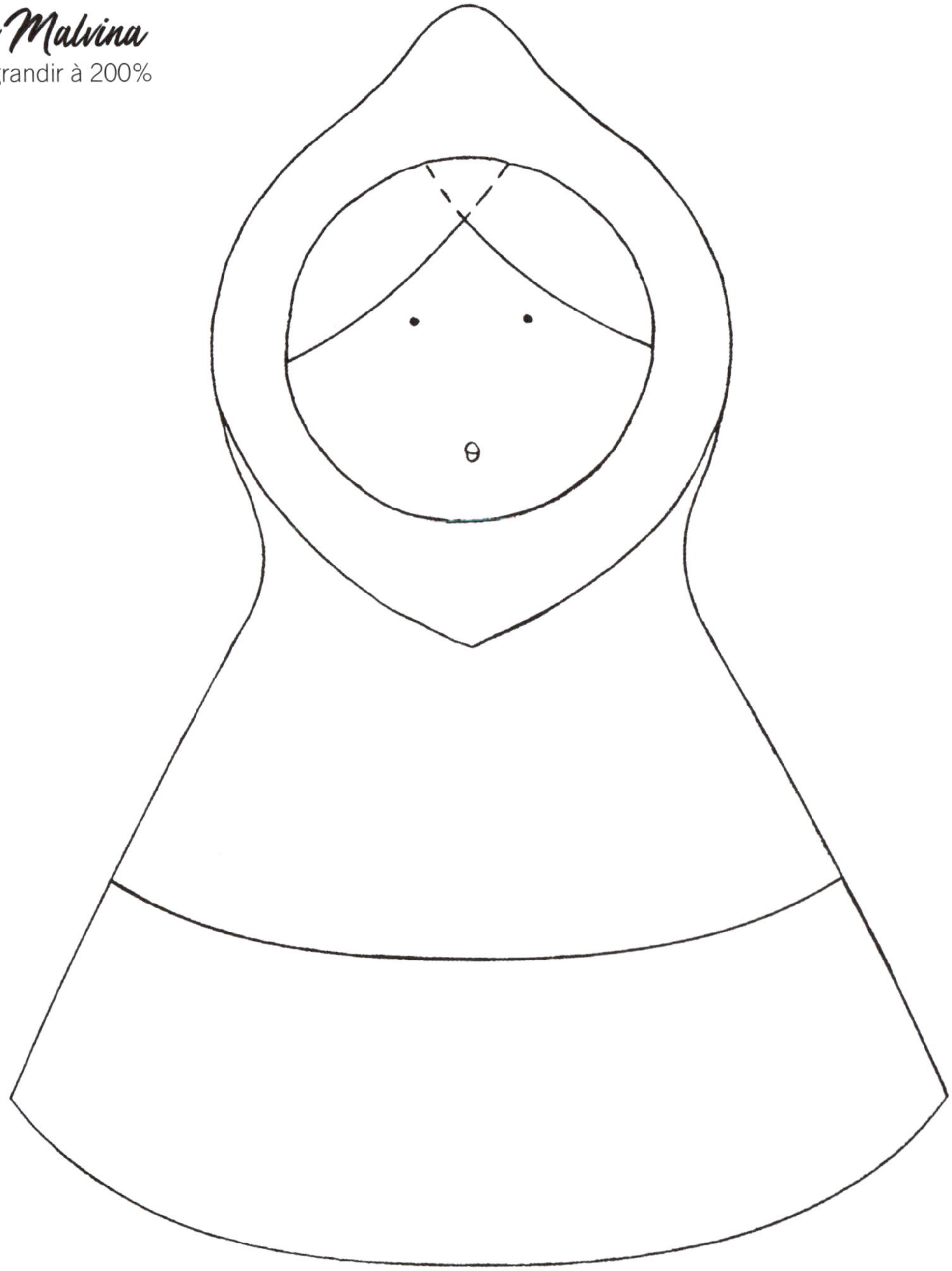

Pochette Zélie

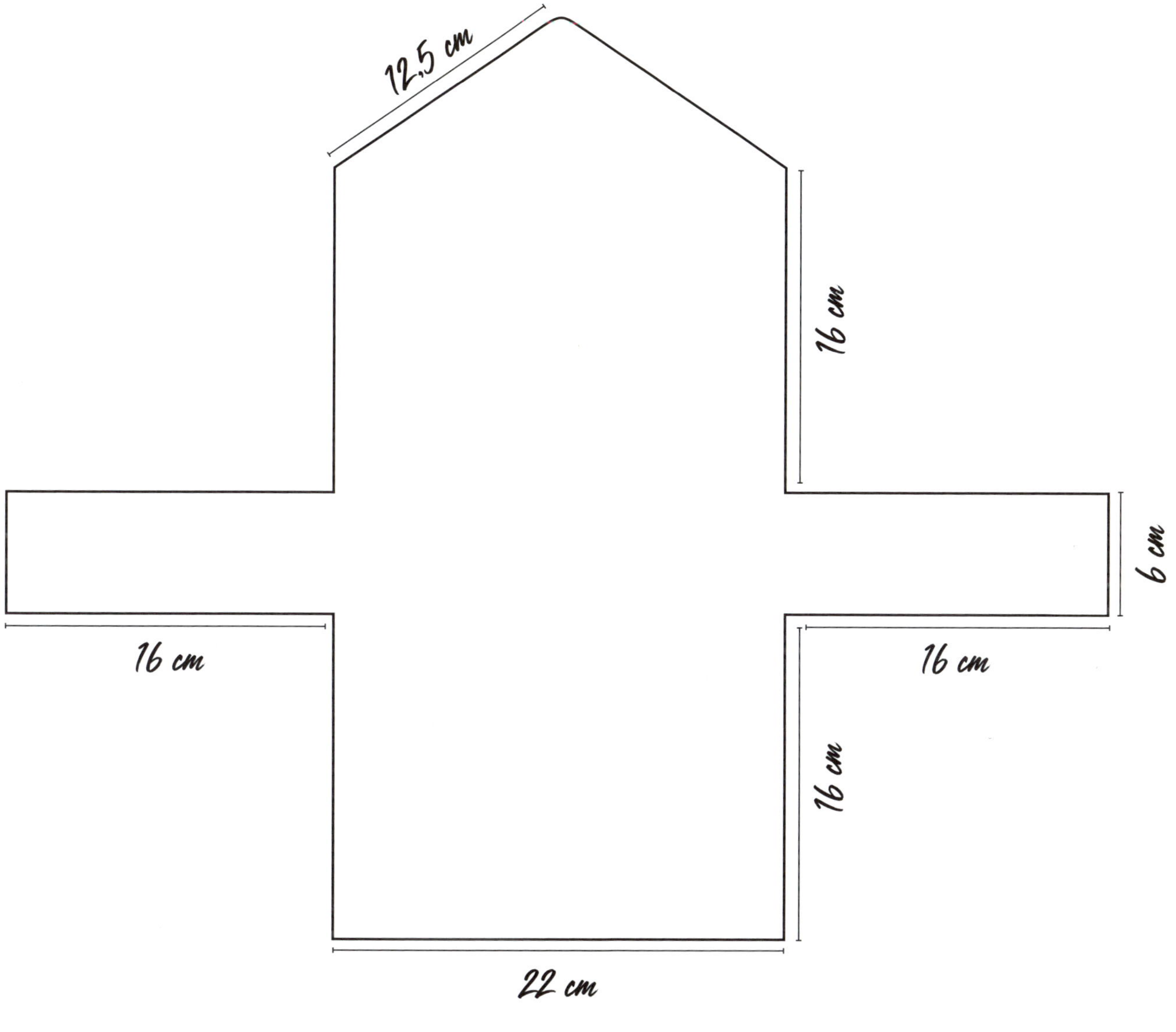

Direction : Guillaume Pô
Direction éditoriale : Tatiana Delesalle
Édition : Hélène Raviart
Direction artistique : Chloé Eve
Contribution rédactionnelle : Valérie Monnet
Mise en pages : Vanessa Paris
Photographie : Fabrice Besse
Stylisme : Sonia Roy
Direction de fabrication : Thierry Dubus
Suivi de fabrication : Marie Dubourg
1re édition - N° d'édition : M19020
ISBN : 9782317020124
Code MDS : MN00119

Achevé d'imprimer en janvier 2019 par Edelvives en Espagne

www.mangoeditions.com
Dépôt légal : février 2019

www.mangoeditions.com